Denna bok trycktes första gången i december 2019. Boken var en gåva från familjen till författaren på 70-årsdagen som firades på Teneriffa.

Claes Mankler

Polisen och barnet

FSC
www.fsc.org
MIX
Papper från ansvarsfulla källor
Paper from responsible sources
FSC® C105338

Andra upplagan

Förlag: BoD – Books on Demand, Stockholm, Sverige
Tryck: BoD – Books on Demand, Norderstedt, Tyskland

ISBN: 978-91-7969-530-9

FÖRFATTARENS FÖRORD

Bokens titel är Polisen och barnet. Det är en bok för dig som vill dela en polismans tankar om barn. Vad är det då jag vill med denna bok?

Det är väsentligt för mig att läsarna, de som delar mina tankar, ska kunna jämföra sina tankar och värderingar med mina och förhoppningsvis bli stärkta av bokens innehåll.

För det andra vill jag skriva en bok för att beskriva mina känslor inför det beslut som gjorde att jag "satte papper i maskin". Det vill säga, hur några av mina chefer beslutade att arbetet tillsammans med barn och ungdomar inte är polisens sak utan endast föräldrarnas, skolans och socialtjänstens uppgift. Detta beslut bidrog starkt till mitt avsked från polisyrket.

För det tredje har jag försökt att skriva ned några av de erfarenheter och kunskaper som jag erhållit efter nästan trettio års polisarbete ute i vårt samhälle. Att försöka beskriva de möten som har betytt mycket för mig. Att via dessa möten överföra en känsla som i bästa fall ska kunna leda till en ökad känsla av sammanhang hos den som nu läser min bok.

FÖRSTA KAPITLET

– Hur många bovar har du skjutit? frågade pojken som satt i bänken längst fram i klassrummet. Jag log. Klassen var alldeles tyst. Jag såg ut över barnaskaran och tänkte att det inte är så konstigt att pojken frågade det han gjorde. Hur många filmer, hur många mord hade han och säkert många med honom i klassen redan hunnit se? Vad rörde sig i den lille ljushårige pojkens huvud?

Klassrummet var prydligt och fint. Det märktes att i detta rum huserade en fröken som ville ha ordning och reda. Bänkarna stod i rader om fem. Väggarna pryddes av barnens teckningar och andra alster. Det var en förstaklass. Ovanför deras konstnärliga verk satt alfabetet uppsatt med häftstift. Detta var innan alla lärare och föräldrar hade hört talas om läs- och skrivsvårigheter. Ordet dyslexi hade ännu inte nått in i människors medvetenhet. Framme vid den svarta tavlan stod en kateder och en stol. Jag satte mig i stolen. Rummet låg helt tyst. Genom fönstren trängde morgonens tidiga solstrålar in och fick barnens ögon att blänka på ett speciellt vis. Mina ögon mötte pojkens, han som undrat över mitt skjutande. Vi log mot varandra. Tystnaden bröts av att en kamrat till pojken räckte upp handen och samtidigt frågade med gäll röst.

– Är det roligt att vara polis?

Jag reste mig upp. Gick runt ett varv i rummet. Barnens ögon följde mig varje steg jag tog. Just nu existerade bara detta rum. Samtliga tjugofem barn och deras fröken undrade nu vad som komma skulle. Förväntningarna på mitt besök var höga.

– Hej! Jag heter Claes.

Min hand mötte en mindre hand.

– Jag heter Lars, fast jag kallas för Lasse.

– Hur gammal är du?

– Sju år.

– Känner du någon polis?

– Ja. En.

– Vem då?

– Dig!

Klassen skrattade. Fröken som befunnit sig i klassrummets bakre del tog mod till sig och kom fram till tavlan där jag hade ställt mig. Det här var första gången de här barnen och jag träffade varandra. Ett möte som skulle bli inledningen till en lång och återkommande bekantskap.

Pojken som frågat om jag hade skjutit några bovar, vände blicken mot mig när jag började tala.

– Ja, jag har använt min pistol en gång, sade jag.

Tystnaden var nu om möjligt än ljudligare än tidigare. Alla barnen satt som vore de av modellera. Endast de gnistrande ögonen talade om för mig att nu, nu är det bäst att du kommer fram med någonting bra, annars…

– Det var för något år sedan. Det hade hänt en trafikolycka. Ett rådjur hade blivit påkört av en bil. Djuret låg i diket när vi kom fram till platsen. Rådjurets bakben var av. Djuret hade väldigt ont. Det syntes. Det fanns ingen jägare på plats. Den som kört på rådjuret var uppskakad och vi fick lugna ned honom. Min kamrat satte sig i polisbilen tillsammans med bilföraren. Eftersom jag så tydligt såg hur djuret led, var beslutet inte svårt att fatta. Jag skulle bli tvungen att avliva djuret där på platsen.

Barnen såg på mig med ett öga. Pojken på första bänk hade släppt sina händer om huvudet och satt nu på dem.

– Att avliva betyder att döda. Jag, en kille från Stockholm som knappt sett ett vilt djur på vykort, stod i begrepp att skjuta ett rådjur. Efter två skott hade jag förkortat lidandet för djuret. Detta är enda gången som jag behövt använda mitt vapen.

Pojken gav sig inte. Han ville att jag skulle berätta någonting från den värld som han så väl kände, den våldsamma världen från film och TV. Det verkade nästan som om jag förlorade i aktning hos honom när jag berättade att jag aldrig siktat eller skjutit mot någon människa.

– Hur tror du att det känns att skjuta en annan människa?

Pojken satt tyst. En annan pojke räckte upp handen och sa:

– Jag tror att man blir väldigt ledsen.

Efter lektionen hade barnen fått svar på en del av sina frågor. De av er som känner till vad mycket barn tänker på och funderar över, kanske också förstår att den här lektionen skulle ha behövt pågå i flera timmar.

Det första mötet med barnen hade för mig varit oerhört positivt. Det kändes att det var detta som jag ville ägna mig åt. Att i mötet med barn få berätta att vi poliser också är människor och föräldrar. Att i mötet skapa medmänskliga samtal. Att få barnen att förstå att det inte är en robot som står framför dem utan en människa av kött och blod, full med känslor, precis som deras pappor och mammor. Att i det viktiga mötet med barn få dem att känna glädje och hopp och att alltid i mötet med barn, ha ordet empati framför ögonen. Detta grekiska ord som står för vår förmåga till inkänsla. Hur vi påverkar varandra och hur vi påverkas av varandra är livsavgörande för hur livet kommer att se ut. Det var detta jag tänkte på när jag lämnade klassrummet den här morgonen och begav mig mot polisstationen.

~ ~ ~

Vår lilla stad är inte stor. Men den är vacker. När man nalkas den känner man hur historien slår emot en. Gruvan som syns där i fjärran, med de rostbruna högarna som i solljuset glänser på ett alldeles speciellt sätt. I den här staden hade barn vuxit upp. Barn vars föräldrar arbetade nere i den djupa gruvan. Då fick också barnen hjälpa till i gruvhanteringen. Idag besökte barn gruvan klassvis. De fick höra berättelser om hur det var att arbeta under jorden, hur rikedomar gjorde både Falun som stad och en del människor mycket förmögna. På den tiden var Falun en av de viktigaste städerna i Sverige. Fin kopparmalm som slets loss från bergväggen hundratals meter ner, för att därefter under oerhörda strapatser transporteras upp till dagen av människor och djur.

När jag satt i polisbilen tänkte jag på alla de människor som under årens lopp offrat sina liv där nere i avgrunden. Jag såg barnen framför mig, de barn som i den lilla sotsmutsiga stugan, inte långt från själva gruvan, satt kring köksbordet och förgäves väntade på att deras far, svart och svettig, skulle öppna stugdörren och kliva in. Vad var det för skillnad på de barnen och på de barn jag hade mött för en stund sedan i det ljusa, varma och vänliga klassrummet? I det rummet satt också något barn, vars pappa inte skulle komma hem till kvällen, inte beroende på att han omkommit i någon gruva, utan på grund av att han druckit sprit tillsammans med en supbroder, blivit redlöst berusad och därefter lagts in för tillnyktring på polisstationen.

Barn har varit barn under alla tider. Det finns dock perioder i historien när man inte uppmärksammat barnen för vilka de är. Barnen har inte tillåtits att få vara barn. De har offrats i kampen för mera guld, för ännu större rikedomar hos ett fåtal. Idag har vi också barn som inte får vara barn. Detta för att de vuxna i deras närhet själva glömt bort hur det var att vara barn i en närhet av fulla vuxna. Barn som kommer hem från skolan, de öppnar en dörr till en lägenhet eller till en villa. Innanför dörren får de kliva över en trave post. På väg ut i köket hör de, känner de, att nu är det som vanligt igen. Barnet som är sju år vet att han inom en sekund kommer att få uppleva samma syn, samma förnedrande känsla, som han upplevde dagen innan. Då upptäckte han sin pappa liggande på sängen i en djup snörvlande sömn. På väg hem från polisstationens tillnyktringscell, tog pappan vägen förbi stadens systembolag.

Barn är alltid barn. Den egendomliga trygghet som detta barn känner när han ser sin pappa ligga berusad i sängen byts hastigt ut mot en hemsk och obeskrivlig känsla. Var är mamma? Varför är hon inte hemma? Pojken går tillbaka ut i köket. På bordet ligger en vit lapp. Han läser med långsamma läpprörelser. Ljudet från kylskåpet tystnar. Pojkens händer börjar darra.

– Jag orkar inte längre, förlåt!

Pojken kan inte släppa blicken från papperet. Han ser in i rummet där hans pappa ligger utslagen. Hur ska han hitta sin mamma?

~ ~ ~

Det är genom att beskriva kärleken som vi gör rädslan maktlös, skrev Stig Sjödin.

I en annan klass i en annan skola, började vi tala om rädsla. Barn som är tio eller elva år är väldigt förnuftiga och väldigt ärliga. Det är alla barn, men barn i den åldern lyssnar av sin omgivning extra känsligt. Barnen är äkta. Äkta i den bemärkelsen att man vågar vara det barn man är. Men man vill också ifrågasätta och lära sig varför saker och ting är som de är.

Ta till exempel detta med att vara rädd. Alla barn som jag träffat, och det är många, anser att det är självklart att man ibland får känna sig rädd. Även poliser får vara rädda och är naturligtvis också rädda ibland, både i sin yrkesroll men även som privatpersoner. Vad som är bra är att vi alltmer talar om känslor. Många förstår idag att kunskap om sina känslor leder till kunskap om varför andra människor beter sig på ett visst sätt. Det viktiga är att jag börjar i mötet med mig själv. När jag möter ett barn, har jag möjligheten att antingen släcka eller också tända blicken hos barnet jag möter. Det förtroende som skapas i mötet är avgörande för hur relationen kommer att fungera. Men även att jag som vuxen inser att det kärleksfulla mötet i sig är livsavgörande. Varje möte med varje barn är livsviktigt och när väl barnet känner att den vuxne vill väl, skapas den trygghet som i sig leder till en positiv respekt människor emellan. Respekt är ett slitet ord. Ett ord som om det används felaktigt klingar hårt och omänskligt. Att känna respekt, att respektera varandra för de vi är, att vi ska kunna respektera olika synsätt hos varandra, är givetvis riktigt och viktigt. Men om denna respekt är grundad på rädsla, då blir respekten inte mänsklig. Då skapas istället den omänskliga respekt som hämtar sin näring från våra negativa känslor och som jag så gärna tillsammans med barnen vill försöka bekämpa.

Barn känner snabbt om den större och äldre människan tycker om barn. Att tycka om barn är för mig detsamma som att böja på knäna och upptäcka barnet där det är. Att se barnet från barnets perspektiv är kanske den viktigaste beståndsdelen i begreppet barnkompetens. Denna nigning är det första steget mot ett närmande och mot ett positivt medmänskligt möte med barnet. Att böja sig ned och att komma i samma nivå som barnet, kan också ersättas med ett ärligt intresse och en sann närvaro av vad barnet har att säga, vad det gör eller menar. Engagemang i barnets varande leder till vänskap och förtroende. Med andra ord, kärlek är kärlekens handlingar. Genom vårt sätt att vara, hur vi vid ett visst tillfälle beskriver kärleken, kan göra rädslan maktlös hos den vi möter. Vi tar inte bort känslan rädsla, vi gör den hanterbar och stärker tryggheten i oss själva och därmed också i dem vi möter. Barnet som möter kärlek växer i hjärtat.

~ ~ ~

I mer än tjugofem år har jag mött barn i skolmiljö. Barn från fyra års ålder som vi har övergått till att kalla för ungdomar. När blir man egentligen ungdom? Ett barn är ett barn. Men vad är en ungdom? Att som polis få arbeta tillsammans med framtiden är ett privilegium.

Varför ska vi ha poliser i skolan undrar någon. Det är ju inte polisens sak att fostra barn. Det är föräldrarnas och skolans angelägenhet säger en del, bland andra några av mina kollegor. Det är här våra vägar skiljs.

Förebyggande, främjande arbete handlar om samarbete människor emellan. Att jag i egenskap av polis i skolan skapar ett samarbete mellan elever och vuxna för att bringa ned brottslighet och drogmissbruk borde vara positivt för alla. Poliser ska syssla med det polisen är utbildad för. För mig har detta inneburit att jag erhållit en utbildning som få poliser, om än någon, fått då det gäller hur barn och vuxna har det i skolans värld. Hur barn kan känna det när det tvingas gå till skolan och lämna en eller två föräldrar i ett miserabelt tillstånd. Hur barnen gått till skolan i vetskap om att därhemma råder kaos men vem bryr sig.

Jag anser det vara ett stort slöseri med resurser, att vi inte längre har poliser i skolan bland barnen och ungdomarna. Jag tror att detta skulle ha gagnat både skolan och polisen.

Att beskriva hoppet, hoppfullheten och glädjen hör kanske till det viktigaste i mötet med barn. Det är självfallet inte alltid en lätt uppgift. När jag under årens lopp träffat människor som av olika skäl hamnat i svårigheter, är en arm om en axel, en hand i handen, det stöd och den tröst vi alltid kan erbjuda varandra. Att i mötet med ett barn gå in med attityden "det är ingen idé", är självklart fel. Känns det så, då ska man inte längre arbeta tillsammans med barn. Att vara tillsammans med barn kräver närhet. Den närhet, den form av närvarande som barn ger uttryck för, den närheten kan vi vuxna aldrig återskapa. För barnet är tiden just nu den viktigaste. Det är idé att kämpa för en positiv, medmänsklig och barnvänlig värld. Vi gör det i varje möte med varje barn. Tänk om vi vuxna kunde inse detta. I stället skriker vi åt barnen. Vi slår dem. Vi har svårt att skapa det förtroende hos barnen som är en förutsättning för att den respekt ska kunna uppnås som vi så gärna eftersträvar.

Jag tycker om dig, men jag tycker inte om det du gör. Här finns en viktig och stor kunskap vi kan ha glädje av då vi möter barn. En insikt i mötet med barn som mår dåligt. Jag tycker om dig för den du är, men jag ställer inte upp på att du slår och stjäl. Jag tycker om dig för den du är, men jag kanske inte alltid ställer upp på dina idéer. Den här skillnaden är jag säker på att de allra flesta kan känna. Dock har jag träffat barn och ungdomar och för all del även vuxna som vid till exempel vid en tillrättavisning blivit rejält arga och brutit ut i aggressioner. Vad är det som gör det så svårt för oss människor att ta en reprimand eller en tillsägelse? Kan det bero på att vi tror att ännu en människa tar avstånd ifrån oss och att vi inte duger? Kan det vara ett uttryck för att vi ännu inte mognat invärtes och att vi vet att vi gjort fel men att vi aldrig kommer att tillstå detta?

~ ~ ~

Vad beror det på att en del sitter i fängelse och inte andra? En lätt fråga att ställa, men en mycket djup fråga om vi vill kunna ge ett något så när sanningsenligt svar. Skillnaden mellan att sitta i fängelse och att gå och leva utanför murarna tror jag ligger i tre ord, nämligen: brist på kärlek. Här kommer många säkert att reagera och intyga att det finns många människor som fått kärlek men som ändå sitter i fängelse. Må så vara men, låt mig då förklara min ståndpunkt lite närmare.

När vi begår handlingar som samhället, det vill säga vi alla, kommit överens om är felaktiga, handlingar som bryter mot det samhällets moral och normer, då kräver samhället någon form av reaktion på dessa gärningar. Vi har då straffet som en konsekvens av brottsligt beteende. Detta beteende kan förvisso förändras under årens lopp och gör så med rätta, det vill säga handlingar som samhället såg som brottsliga för länge sedan behöver idag inte alls rendera någon juridisk reaktion från omvärlden. Däremot finns gärningar som över tiden uppfattas såsom felaktiga och brottsliga. Att slå, stjäla och förstöra för sina medmänniskor är typer av handlingar som vi alltid kommer att reagera emot, reagera med repressalier.

Idag anser många att det inte finns någon moral. Det finns inte längre några normer ute i samhället hör jag i möten med människor. Vi talar om att gränserna suddas ut. Att barnen och ungdomarna inte längre visar någon respekt för de äldre. Att skolan inte lever upp till de mål som skolan borde. När jag hör dessa fraser känner jag att människor säger saker utan att de egentligen menar allvar med alla orden. Jag tycker visst att det finns mycket god moral i samhället. Att vuxna verkligen vill bry sig om, men att en del vuxna bryr sig om på fel sätt. De tror att barn och ungdomar är annorlunda idag än för många år sedan. Att barn och ungdomar vill ha andra saker idag än förr. Att barn och ungdomar reagerar annorlunda när vuxna beter sig illa. Med andra ord, vuxna tror att dagens barn och ungdomar skiljer sig mot den tid när dagens vuxna var barn och ungdomar. Jag tror inte att så är fallet.

Barn och ungdomar har alltid tyckt om vuxna som lyssnat på vad de yngre har haft att säga. När vuxna idag bestämmer och fattar beslut som rör barn och ungdomar, då är dessa beslut inte för barnens bästa utan för budgetens bästa. Vi tror att vi kan spara på barnen. Det är precis tvärtom. Det vi satsar på den yngre generationen får hela samhället tillbaka med god ränta i framtiden. Det är här som jag vill komma in med detta om att kärlek är grunden för livet. Vi får inte tro att bara vi ger barnen pengar löser vi alla problem. Barn behöver vuxna som böjer sig ner och ser och hör vad de små verkligen vill. De vill ha värme, trygghet, tillit och en stor del synlighet. Kan vi ge barnen detta så slipper vi bygga fängelser! Kom sedan inte och säg att barn som får kärlek också hamnar i fängelse. Jag tror inte på det. De barn som vi tror har fått kärlek och som vi återfinner på våra anstalter, dessa barn har fått någonting annat som vi förväxlar med kärlek och det är de vuxnas dåliga samvete. Vi får aldrig tro att vi kan köpa loss barnen med prylar och kalla pengar. Barn är inte så lättlurade att de tror att bara vi vuxna ger dem det de vill ha så blir allting bra. Kärlek kan ibland vara svårt att överföra till ett barn. Men jag tror, att barnet känner om det är en vuxen som bryr sig om barnet på ett ärligt sätt. Att bry sig om barn på ett ärligt sätt betyder för mig, att se och höra vad barnet sänder ut för signaler. När vi tolkat dessa signaler hänger det på oss vuxna att agera och ge barnet det stöd som krävs i den speciella situationen. Det är här som vuxna ibland sviker barnen. Vuxna har inte tid att stanna upp och bara vara stilla. Vuxna kanske inte törs stanna upp. Vuxna blir rädda för sina egna känslor. Hur ska jag bete mig? Det är inget fel att bli rädd, men återigen, vi måste lära oss att hantera den känslan.

Ju mer kärlek ett barn kan få, desto mer kärlek kan det barnet i sin tur ge ifrån sig till andra. Man kan kvävas av kärlek, säger någon. Då är det inte kärlek det är fråga om, utan åter den vuxnes dåliga samvete som döljs i känslan av att vilja bry sig om fast hon inte riktigt vet hur. Hur vi beskriver vår kärlek till vår nästa är kanske den viktigaste frågan vi har att ta ställning till.

Att känna ansvar inför sin nästa är också någonting vi kan bäva inför. Att våga ta detta ansvar kräver kunskap om oss själva och kunskap om dem vi möter. Därför tror jag att den här frågan ska tas upp redan från allra första början. Under många år har vi exempelvis diskuterat och agerat i frågan om mobbningen och dess orsaker och konsekvenser. Så länge vi endast talar med och kommer med åtgärder för den mobbade och dennes mobbare kommer vi inte att lyckas få bort den här formen av grovt våld som mobbning utgör. Det blir blåmärken i själen av mobbning. Sår som kanske aldrig läker. För att förändra och förbättra situationen krävs att vi som möter människor som befinner sig i en mobbningssituation, inser att alla som finns i det rummet, på den skolan och på den arbetsplatsen har ett stort ansvar för det som skett och det som kommer att ske. Vi har alla ett gemensamt ansvar för att ingen ska behöva må dåligt på grund av någons negativa beteende. Först när alla i den gemensamma gruppen kommit överens om detta och verkligen följer de intentionerna, först då kan vi säga att vi är på väg att lösa mobbningsproblemet.

Frågan är då hur vi ska nå dit? De vuxna jag träffat och träffar inom skolans värld vill självklart att alla i en klass ska må så bra som möjligt. Men vi vet att det finns barn som mår dåligt i skolan beroende på en rad olika faktorer. Jag tror inte att det beror på att andra barn är dumma mot dem. Jag tror mera på att barnet som känner sig mobbad sänder ut signaler till sin omgivning att jag mår inte bra, jag är rädd, jag känner mig annorlunda, hjälp mig! Detta kan barnet inte själv berätta eller förklara för människor i sin närhet. Således sker en omedveten överföring av negativa känslovibrationer rakt in i andra barn och vuxna som också känner sig rädda och annorlunda. Det är ingen slump att människor som mår dåligt speglar sig i varandra. För att bryta denna fastlåsning som jag ser i exempelvis skolorna, vill jag att vi börjar tala om känslor och hur vi kan bli bättre på att uttrycka våra känslor i ord för varandra. Det är inte lätt. Det är däremot nödvändigt, om vi vuxna verkligen menar allvar, när vi säger att vi vill få bort mobbningen. För det kan väl inte vara så illa att vi, både vuxna och barn, faktiskt vill att några andra än vi själva skall sköta om den här smutsiga hanteringen som mobbningen innebär? Själva vill vi naturligtvis inte utsätta oss för att bli den aktive mobbaren eller mobbningsoffret. Det är allas ansvar att alla ska få må bra.

~ ~ ~

Köksbordet är samhället viktigaste plats. Det handlar om attityder. Det handlar om värderingar. Det handlar framför allt om varifrån vi får våra värderingar idag. Varför tänker vi som vi gör och vem tänker rätt?

Familjen är humanismens verkstad. Idag när vi sitter runt våra köksbord, ser bilden lite annorlunda ut än för några år sedan. I många hem finns inte en pappa och en mamma vid barnens sida. Där sitter en mamma och hennes nye man och dennes barn. I ett annat hem sitter en pappa och äter med sina barn. Bredvid honom sitter hans nye pojkvän och dennes dotter från ett tidigare äktenskap.

När vi överför värderingar till varandra handlar det mycket om hur den som talar står i relation till den som lyssnar. Om mamma säger till sin tolvåriga dotter; snart ska du börja i högstadiet, då vill jag att du inte ska börja röka om du blir bjuden på cigaretter. Det här ämnet har de båda diskuterat vid flera tillfällen. Varje gång svarar dottern på samma sätt. Nej jag ska inte börja röka, det är äckligt.

Vad vi säger till våra barn kring köksbordet går givetvis in i våra barns sinnen. Men det är inte säkert att allt det vi sagt och önskat till våra barn alltid blir realitet.

Vi visar kärlek till våra barn när vi säger till dem att vi tycker om dem även om de gör vägval som kanske inte är önskvärda för någon. Runt köksbordet ska mamma och pappa veta att de är betydelsefulla. Har vi små barn som lyssnar på allt som sägs, då är det extremt viktigt att de vuxna framför sina attityder, normer och värderingar på sådant sätt att deras barn förstår vad de vuxna menar. När ett femårigt barn hör pappan säga "dessa invandrare som kommer hit och tar våra jobb, skicka hem dem i stället", inte en gång utan under flera år, då är det inte konstigt att vi får unga män, som rakar av sig håret och går ut på gatorna och skriker rasistiska slagord. Vi får det samhälle som vi i vår kärlekslöshet, okunskap, rädsla och dumhet gör oss förtjänta av. Det finns otaliga exempel på hur vi vuxna genom vårt sätt att vara påverkar våra barns attityder. Jag vill nämna ett från polisvärlden.

Det var den första semesterhelgen. Bilarna från staden var på väg ut till landet. Vid en av stadens utfarter hade vi poliser ställt oss för att kontrollera att fordonsförarna höll hastigheten, att de hade körkort och att de var nyktra. Det kändes inte bra, att behöva göra en honnör och genom vänster framruta säga i så vänlig ton jag kunde: Ursäkta men det där gick lite för fort. Det var första dagen på en lång semester. Fåglarna sjöng. Solen värmde den redan heta bilen. Inne i bilen satt i baksätet två små barn. De kunde vara mellan sex och sju år gamla. När jag talade med deras pappa, tryckte de ihop sig mot varandra. Deras leenden försvann och jag såg hur deras mamma med en utsträckt hand försökte röra de två till trygghet. Pappan hade kört för fort och fick ta emot ett bötesföreläggande på några hundra kronor. När bilen åkte iväg med en viss acceleration kände jag mig usel. Varför? Vad hade jag egentligen gjort för fel? Det var pappan i bilen som hade kört för fort. Men det var jag som skrivit ut böterna. När bilen hade försvunnit kunde jag höra från förarplatsen: Snutar, ska det vara nödvändigt att stoppa hederliga bilister när stan dräller av knarkare och tjuvar! Mamman försöker dämpa sin makes vrede. Hon ser på barnen. De gråter. Pappan kan inte stanna mitt i den hetsiga trafiken. Hans panna är våt av svett. Fan, fan, fan, säger han för sig själv. Där rök en stor del av vår semesterkassa, muttrar han till sin fru. Barnen i baksätet har slutat gråta. Pappa, kan vi inte stanna och köpa en glass?

Om fem år är dessa barn tolv år. Då har de hört sin pappa svära över både invandrare och poliser. Hur tror vi att det vi säger tas emot av dessa små människors medvetande? Varför förundras vi över att en del ungdomar skriker skällsord till poliser? När ska vi vuxna kunna bryta detta sociala arv? När ska vi vuxna sluta förfasa oss över ungdomars beteenden och istället börja ägna oss åt våra egna värderingar och vår egen moral?

Idag är det inte bara kring köksbordet värderingar förs vidare. Den massmediala påverkan på oss människor är stor. Den blir större för var dag som går. Den blir också mer och mer raffinerad och förfinad. Via bilder, musik och texter förs olika budskap blixtsnabbt runt i världen. Budskap som handlar om konsumtion och underhållning. Denna nya tid kräver kunskap och engagemang hos konsumenterna. Här finns det mycket vi kan göra. Idag förekommer reklam som är riktad till treåringar för att dessa som konsumenter om tio år, ska känna igen välkända namn och märkesvaror. Normer och värderingar finns överallt. Om vi ska kunna nå en balans i detta konsumtionssamhälle, tror jag att det kommer att krävas någon form av revolution. Det kommer krävas en känslomässig revolution i vilken vi vuxna måste bli medvetna om vårt fostraransvar gentemot våra barn och andras ungar.

Varifrån får vi våra värderingar? När börjar vi ta efter det vi hör, ser och är med om? Hur känner vi att det vi får uppleva är någonting som är värt att ta efter eller någonting som vi ska förkasta? Värderingar i en familj och i ett samhälle varierar från tid till annan. Jag tror inte att vi människor har förändrats speciellt mycket under århundradena. Ibland säger vi, att tiderna förändras och vi med dem. Detta är en sanning med en viss modifikation. Visst, vi människor har förändrats i den bemärkelsen, att vi har lärt oss en del som våra föräldrar och deras föräldrar inte kunde. Men vad är det för kunskap vi egentligen menar? Är det förmågan att utnyttja den teknik vi lever mitt i idag eller är det vår förmåga att hantera våra innersta tankar och känslor? Om det gäller det senare, då har dagens generationer inte så mycket att hyvas över! Fast vi lever i 2000-talet, anser jag att vi fortfarande bara har börjat inse vikten och vidden av de frågeställningar som jag anser vara grunden till ett liv, ett liv där vi kan nå så stor lycka som möjligt. Att vara lycklig är någonting som varje människa önskar. Vad vi lägger i ordet lycka varierar från människa till människa. Att njuta av en glass skapar en kortvarig lycka. Att få längta efter någonting skapar också lycka. Att försöka höja vår egen lyckonivå till den punkt vi kan, är någonting väsentligt. Att vara lycklig gör att vi bättre kan sprida positiva värderingar till våra medmänniskor. Då menar jag en lycka som är baserad på känslor som inte är konstgjorda. Det lyckorus, den eufori, som olika droger skapar, kan inte jämföras med den känsla av harmoni som vi människor stundtals uppnår när balansen i vår tillvaro stämmer. Det är detta som är meningen med livet. Hur når vi denna harmoni? Det behövs träning i att tala om dessa frågor och en plats för detta är våra köksbord.

Pappa, mamma och ett eller flera barn sitter tillsammans. Här finns möjligheten att med medmänsklighet och värme ta upp frågor som har med våra känslor att göra. Varför gör vi inte detta i större utsträckning än vad som sker? Kan det bero på att vi saknar kunskap? Kan det rentav bero på att vi är rädda för att ta fram det som finns djupt inne i oss själva? Allt prat om att vi inte har tid att tala om sådana saker tror jag inte på. Tid är det enda vi alla har lika mycket av, precis lika mycket allihop. Vad vi sedan anser vara så viktigt att det får ta av vår tid det, är mycket individuellt. För mig handlar tid om lusten att leva här och nu. Vi har vad vi vet detta livet. Det varar just nu. Nu, är historia så fort jag uttalat ordet. Ser jag framåt vet jag ingenting vad som kommer att ske. Att vi skyller vår oförmåga att tala om känslor på brist av tid, anser jag vara dåligt kamouflage för vår ovilja och okunskap att dela med oss av oss själva.

När barnet och den vuxne sitter vid köksbordet händer någonting. Den vuxne frågar barnet: Hur var det i skolan idag? Barnet tittar upp från pannkakorna och med slöa ögon skakar det på huvudet. Ja, vad gjorde ni idag i skolan? fortsätter förhöret. Va fan har du gjort idag då djävla kärring? skriker ungen och drar ner tallriken från bordet så att sylt och pannkakor yr! Samtidigt reser sig barnet och lämnar gemenskapen. Stanna upp. Blunda. Tänk. Hur känner du dig just nu? Känns situationen igen? Tror du att denna händelse sker runt andra köksbord än bara ditt? Jag tror det.

Vi tänker oss in i en ny situation. Barnet äter. Det är hungrigt efter en lång dag i skolan. Idag serverades kokt fisk med överkokta potatisar i skolan. Barnet åt inte speciellt mycket mat. När nu pappa frågar sitt barn om det var gott med pannkaka får han en hastig nickning till svar. Pappan ler. Han ser på sin son. Den röda sylten har fastnat nedanför munnen. Sonen är helt koncentrerad. När pojken tar glaset för att dricka lite mjölk frågar pappan: Hur mår du i skolan? Pojken lägger ned gaffeln och tar servetten och torkar sin mun. Jo tack, jag mår jättebra i skolan, svarar pojken samtidigt som en ny tugga är på väg in. Pappan ser på nytt sin son i ögonen och tänker, varför kan inte alla föräldrar få uppleva detta?

Normer och värderingar handlar om hur vi upplever tingen runt omkring oss. Om jag säger till min son att det är viktigt att bry sig om andra människor, att det spelar roll hur vi uppträder, då kommer min son att ta med sig budskapet in i sitt liv. Engagemang smittar. Ett humanistiskt engagemang skapar grund för den solidaritet som människor behöver få känna för att orka leva vidare. Därför är den vuxnes roll och betydelse kring köksbordet av avgörande betydelse. Det är idé att tro på en positiv förändring och det är viktigt att förmedla en positiv framtidstro till våra barn, ja till alla ungar.

Givetvis kommer inte alla värderingar från de vuxna i barnens närhet. De bilder och de ord våra barn möter varje dag av sitt liv påverkar också. Emellertid, det våra barn får i sig från sina föräldrar är det som kommer att sitta djupast. Det må vara av positiv eller av negativ art. Att påverka barnen till att må bra kräver vuxna som själva mår bra. I familjer där den vuxne inte känner den balans i hjärta och sinne som vi alla borde få känna, i dessa familjer kommer det att bli arbetsamt. Ur den röra som det innebär för ett barn, att en eller båda föräldrarna mår dåligt, ska det barnet ta sig till skolan, lära sig olika saker, umgås med kamrater, hjälpa andra människor med diverse ting och sedan ta sig hemåt för att mötas av hårda ord, slagsmål och fylla. Det är inte konstigt att vi då möter barn som genom ord och handlingar visar att någonting är i obalans i deras livssituation.

Barnen är den grund samhället ska vila på. Vill vi vuxna ha ett harmoniskt samhälle måste vi vuxna tänka om. Vi måste låta alla barn få blomma ut till den blomma de är skapta till. Vi måste låta alla barn få känna den kärlek pojken vid köksbordet fick känna från sin far. Vi måste låta alla barn få vara barn så länge de vill. Om vi vill att framtidens blommor ska planteras idag, måste vi se till att bli bättre på att sköta om jordmånen.

När vi möter varandra händer viktiga saker. Vi tittar på varandra. Vi lyssnar på vad vi har att säga. Vi väger ord och rörelser. Vi påverkas. Vem påverkas vi mest av? Jo, den vi tycker om och den som uttrycker känslor och ord på ett sådant sätt som vi förstår och kan ta till oss. Vi tar intryck av den vi kan se upp till. En människa som beskriver någonting som berör vårt innersta. Vi lyssnar på den människa som vi vill spegla oss i.

ORD OCH BEGREPP UNDER EN LEKTION I MEDMÄNSKLIGHETS-TRÄNING OCH LIVSKUNSKAP

Bry sig om	Namnets betydelse	Ordets betydelse
Ansvar	Balansen i oss	Filmen som språk
Våga	Gränser	Trygghet
Rädsla	Tillrättavisning	Mognadsnivå
	Säg någonting positivt om dig själv	
Kunskap	Människosyn	Varför
Samvete	Empati	Medkänsla
Moral	Mobbning	Tolerans
Etik	Droger	Tålamod
Mod	Förlåtelse	Kärlek

PAPPA, HAR DU FÅNGAT NÅGRA BOVAR IDAG?

Det var en dag i maj. Ännu en gång hade våren kommit. I en liten stad någonstans i Sverige körde en polisbil omkring. Kroppsligen befann jag mig i den där bilen, men mina tankar var långt borta. Jag tänkte på en varm strand hundratals mil därifrån. Min kollega talade till mig. Hans röst blev till vågskvalp i mina öron. Plötsligt hördes ett anrop på radion.

– Rån vid Hemköp!

Två beväpnade män hade tilltvingat sig en stor summa pengar och sedan försvunnit i en liten gul bil. Ingen människa hade blivit skadad. Fysiskt.

Jag ramlade åter in i vardagen. Ett stort spaningspådrag sattes igång. Min kollega och jag gjorde vad vi kunde. Rånarna hade klarat sig. Men för hur länge?

Skiftet var slut och vi körde till garaget. Innan vi steg ur bilen frågade min kollega retoriskt: Varför gör människor så mycket ont mot varandra?

Ännu ett arbetspass var över. Två lediga dagar väntade. Jag åkte hem till min familj. På hemvägen tänkte jag på de båda rånarna. Vart åkte de?

– Hej pappa, har du fångat några bovar idag?

Jag såg på min flicka. Sex år, söt och full av vår i hela ansiktet var hon.

– Nej, jag har inte fångat några bovar idag, svarade jag med låg röst.

En stor kram fick jag. Alla borde få en sådan kram, sade jag och kysste den lilla mitt på munnen. Två fina döttrar, en son och en underbar hustru har försynen givit mig. Vi bor i ett slott. Vi är lyckliga. Får man säga det idag?

Efter ett par dagar i trädgården med lite vedsågning och andra vårsysslor, var jag åter på min arbetsplats, polisstationen.

Det var kväll. Klockan närmade sig tio. Vid vår utsättning fick vi veta att rånarna ännu var på fri fot. Annars hade det inte hänt någonting speciellt under de dagar vi varit lediga. Endast lägenhetsbråk (ett underligt namn, som om lägenheter bråkar, när det egentligen är en man som i berusat tillstånd slår sin fru och skrämmer sina barn för livet), inbrott i bilar och snatterier. Vardagshändelser i vår stad, tyvärr.

Förnatten blev lugn. Vi hjälpte en kvinna som fått fel på bilen. Hon var översvallande tacksam. Som bevis på detta fick vi en slant till vår kaffekassa.

Vi var fyra poliser som arbetade i stan den här natten, två bilpatruller, varav en civil.

Vid tvåtiden parkerade min kollega och jag vår civila polisbil på en parkeringsplats som drabbats av bilinbrott vid ett flertal tillfällen. Eftersom natten var ljus hade vi en fin utsikt över de parkerade bilarna.

Plötsligt fick vi se en skuggfigur röra sig bland bilarna en bit bort. Vi sjönk längre ner i stolarna. Tröttheten förbyttes i spänning och pulsen slog hastigare.

Vi tog kontakt med den andra patrullen via radion. Nu var skuggan endast ett tjugotal meter bort. Vi såg nu tydligt hur han såg sig omkring, tog fram något som liknade en skruvmejsel och satte den i ena dörrens låskolv och vred till. Sekunden därefter satt han i bilen.

Vi sprang fram till bilen lagom för att se hur en yngling på kanske fjorton år var i färd med att montera bort en bilstereo. Pojken blev överraskad, tappade det han hade i handen och skrek:

– Jag ger mig! Slå mig inte!

Vi visade vilka vi var och pojken lugnade sig på en gång. Han hade trott att det var bilägaren som kom.

– Jaså polisen, sade ynglingen. Ja, nu är det väl ingen idé att neka. Tagen på baris. Det var som fan!

Den andra polispatrullen hade vid det här laget kommit till platsen. En av kollegorna kände igen pojken och berättade att han var tretton år och bodde i bostadsområdet intill parkeringsplatsen. Han hade själv skjutsat hem pojken förra lucianatten. Pojken hade då varit kraftigt berusad. Han bodde tillsammans med sin mamma och gick i sjunde klass.

Jag placerade pojken i vår bil och vi började prata med varandra. Till en början verkade han helt känslokall, men berättade snart sin historia.

Han bodde mycket riktigt med tillsammans med sin mor. Hans far hade hängt sig för ett halvår sedan. Pojken hade hittat honom. Mer behövde jag inte höra, jag anade.

Pojken var dömd.

Vi förde pojken till polisstationen. Under bilfärden på väg in började han gråta. Det var en uppriktig gråt. Masken var kastad. Pojken ville ha hjälp. Hans mamma kom till stationen.

Sociala myndigheten kontaktades. En ung människa var på väg utför.

Skiftet var slut, natten var slut. Men ska en människas liv behöva vara slut när man är tretton? Jag tänkte när jag var på väg hem, vem är egentligen gärningsman, vem är offer?

När jag kom hem hade solen gått upp över vår sjö.

Har du fångat någon bov idag, pappa…?

ALLTING HAR EN MENING

Tåget började sakta rulla framåt. Utanför kupéfönstret låg sjön Tisken blank som en spegel. På ytan är det mycket som ser fint ut, tänkte jag, medan människorna i vagnen började finna sig tillrätta.

Min fru och jag var på väg till Stockholm. Vi hade tidigare på dagen per telefon, bokat biljetter till en föreläsning av ett litet annorlunda slag.

På Stockholms Central var det som alltid ett myller av människor, ett galleri, en mångfald och en värld på en gång. Vi gick med snabba steg hela vägen, förbi Åhléns, upp via Slöjdgatan till Hötorget och in i det ljusblå Konserthuset, allt medan solen värmde de förväntansfulla människorna som vilade mot Milles staty.

Vi gick fram till en av kassorna. Bakom en glasvägg med en liten öppning i, satt en kvinna och såg in i en dataskärm.

– Hej! Vi skulle hämta ett par biljetter till Dalai Lamas föreläsning. Mankler.

– Tyvärr, det finns inga biljetter, sade kvinnan.

– Jo, men vi har beställt, svarade min fru och jag med en mun.

– Ni är för sena. Jag sålde era två biljetter alldeles nyss. Ni skulle ha varit här för tio minuter sedan...?

Kvinnan bakom glasfönstret såg på oss. Vi såg på henne. Det gick tio sekunder. Tjugo. En känsla av besvikelse började sakta ge sig tillkänna. Jag kände att min puls började slå allt hastigare.

– Jamen...? Min fru såg på mig.

Kvinnan vid skärmen hade nu lämnat sin stol.

– Tänk! Tänk efter. Därinne sitter Dalai Lama, medkänslans Buddha. Hur tror du att han skulle ha reagerat i den här situationen, sade min kära hustru.

Medan vi stod där i hjärtat av Stockholm, lite ledsna och nära att ge upp, började ändå känslan av att allting skulle lösa sig till det bästa infinna sig. Alldeles i den stunden, ringde telefonen där kvinnan nyss suttit. Hon återkom och tog luren.

– Jaha, ja. Det går bra. Tack då.

Hon vände sig till oss. Det var en tidning som ringt återbud till den tibetanske munkens föreläsning. Nu fanns det två biljetter till oss, rakt nedanför Dalai Lamas stol.

Efter ett par timmar och ett mänskligt möte som gick rakt in i hjärtat, stod det klart för både mig och min fru, att det verkligen finns en mening med allting. Som Mumin en gång sade: "Det oväntade inträffar alltid, det är därför jag känner mig så trygg!"

Efter en tid läste jag Dalai Lamas bok "Etik för ett nytt millennium". Boken beskriver på ett lättfattligt sätt medkänslans kraft och betydelse. När jag blir lycklig, vilket jag ofta blir efter att ha fått uppleva någonting speciellt, vill jag gärna skriva och tacka den som givit mig den positiva känslan. Sagt och gjort. I ett brev till Hans Helighet i Dharamsala i norra Indien, tackade jag för det fantastiska mötet i Konserthuset samt för den berikande läsupplevelsen. I brevet beskrev jag också lite av min egen livssituation och berättade i korta ordalag om min syn på barn och betydelsen av vuxenengagemang. Efter två veckor kom det ett svar via elektronisk post!

Hans Helighet Dalai Lama tackade för brevet och han var glad att jag läst hans bok. Han var också glad att höra om min situation och hur jag uppskattade att få arbeta tillsammans med barn och föräldrar. Det här är det rätta sättet att tänka, skrev han, och en av vägarna till lycka.

Sällan har väl ett brev glatt mig så mycket, som detta brev från norra Indien gjorde.

POLISEN OCH BARNET

Dagen vaknar. Ute är vårens första ljumma fläkt redan på väg. På sjön ligger isen, svart och fuktig. Rester av gråvita snöfläckar kantar stränderna. Fåglarnas språk sprider en hoppfull känsla i dem som vaknat. Över allt detta skänker solens strålar den värme vi behöver för att orka. Jag går upp. En ny dag har kommit. Nya möten väntar. Erfarenheter ska möta nyfikenhet. Okunskap ska skrika högt. Rädsla ska innan kvällen få den mörka isen att åter frysa till.

~ ~ ~

På ett annat håll, i en annan miljö, vaknar en människa med stela leder och svettig panna. Hon rör sig sakta, sträcker ena benet och samtidigt lyfter hon den vänstra armen som domnat bort under huvudets tyngd. Den mänskliga kroppen ryser. Halsen känns torr av gårdagens skrik och glam. Den vaknande känner igen miljön hon befinner sig i, längst in bakom ett utskjutande väggparti i en källare mitt i storstaden. Kvinnan ligger stilla. Det hon hör är andras spillvatten. Det ljudet gör henne törstig. Hon ser sig omkring. Hon är ensam. Hon blundar. Varför? Varför ligger jag här, tänker hon. Vad hände igår? Minnesbilder kommer sakta för henne. En man. Ett barn som skrek. Ljudet från polissirener. Mörker. Smak av blod. Skräck. Vad hände?

Livet är inte alltid ljust. Ibland faller vi in i ett dis, en dimma som omsluter oss och får oss att må dåligt. Dimman vill inte lätta utan drar och sliter i våra kroppar. Vi kämpar. Vi dyker.

– Här får du inte ligga! Försvinn!

Mannen som kommer ner i källaren blir rädd när han ser den liggande kvinnan. Han ryggar hastigt tillbaka då han upptäcker allt det levrade blodet som täcker hennes ansikte och delar av det mörka håret.

– Vad har hänt?

Kvinnan ser upp och ler. Mannen mjuknar. Han böjer sig försiktigt ned och sätter sig på huk alldeles nära.

– Hur mår du?

Kvinnan ser på mannen. Hennes ögon, röda och nu begråtna, berättar om en verklighet som de flesta aldrig får uppleva.

– Kom!

Mannen försöker hjälpa kvinnan i sittande, men hon har ont. Ansiktet visar mannen att hon lider. Kvinnan lägger sig åter ned på det cementgråa källargolvet.

– Vill du ringa till min moster och berätta att Sara, mitt barn, är ensam hemma, ber kvinnan med armen över pannan.

– Javisst, men...

Kvinnan säger ett nummer och mannen plitar ned siffrorna på ett kvitto han finner i ena bröstfickan på sin overall.

– Hon är ensam. Mitt barn ligger ensam och gråter i en tom lägenhet.

Mannen är tyst. Han vet inte vad han ska tro, än mindre göra.

– Min lilla flicka är bara två år och hon är ensam! Rädd! Hjälp mig! Snälla!

Mannen hjälper kvinnan upp. Han för henne till ett kontor som ligger i samma fastighet som de är i.

– Kaffe?

– Gärna. Inget socker. Jag blir så fet av allt socker.

Kvinnans ögon öppnar sig allt mer. Hon sänker sin blick och ser på sin kaffekopp.

– Vad snäll du är.

Mannen har satt sig mitt emot och han stoppar i ett par bitar i kaffet.

– Berätta, vad hände igår? Du behöver inte vara rädd längre. Vi ska fixa det här ska du se.

Kvinnan har svårt att få ned den varma drycken. Munnen, läpparna är blodiga. Svart kaffe på röda läppar. Hon lyfter sin blick och ser djupt in i mannens ögon.

– Jag har dödat en människa, börjar hon.

~ ~ ~

Det var en tidig vårdag. Över den sovande förorten hade solens strålar börjat värma hus och människor. Klockan hade passerat sju när jag halvliggande tog emot ett anrop från polisens sambandscentral.

– Åk till Sjövägen 6. Lägenhetsbråk.

När jag satt fast telefonklykan på frontpanelen, vände jag mig till min kollega som körde polisbilen och sa:

– En söndagsmorgon klockan 7. Lägenhetsbråk. Det lär väl vara falskt larm som vanligt.

– En sådan här dag ska man vara ledig, sade min kollega med trött röst, samtidigt som han svängde in på Sjövägen.

– Vad är det där utropade jag, då en kvinna i vit pyjamas med framstycket fullt av blod kom framrusande mot oss. Hon var kring 50 år och kom ut från en port viftande med bägge armarna. Då vi såg in mot husets entré, stod där en ung kvinna på trappen. Hon var klädd i rött. Fel! Allt det röda var blod. Min kollega och jag tittade på varandra.

– Det verkar inte vara något falsklarm, sade jag när vi snabbt steg ur bilen och sprang fram mot huset.

Den yngre kvinna som var i 16-årsåldern, stod fortfarande som en bildstod.

– Det var hon, skrek den äldre. Han ligger därinne!

Min kollega bad den yngre kvinnan att gå in i huset. När vi kom in i hallen kunde vi se in i det angränsande sovrummet, hur en man låg naken i en förvriden ställning tvärsöver sängen. Han låg med huvudet hängande utanför gaveln och i hans hals stack handtaget av en stor jaktkniv upp. Nedanför sängen hade en stor blodpöl samlats. Den äldre kvinnan skrek plötsligt:

– Det är hennes pappa!

Vi utförde nu det vi skulle göra. Min kollega kontaktade kriminalpolisen som skulle komma och göra en teknisk undersökning av brottsplatsen. Vi spärrade av delar av lägenheten och jag ledde ut dottern till polisbilen. Modern stod tyst och stilla. Hon skakade. Dottern gav henne inte en blick. Min kollega försökte lugna modern. Då jag förde dottern till polisbilen såg vi några gula vårblommor utefter husväggen. I baksätet började dottern berätta. Hon bodde några kilometer bort. Tidigt på morgonen hade hon gått hemifrån och begett sig till sina föräldrars hus. Hon hade redan då planerat att hon skulle döda sin pappa. Hon hade fortfarande en nyckel till lägenheten. Hon tog sig in i sovrummet, jagade ut mamman och försökte därefter döda sin pappa. Han hade vaknat och försökte ta sig upp från sängen, men dottern fick tag i honom och stack kniven i halsen på honom. Hon utdelade många stick och hugg mot pappans hals. Det skulle senare visa sig ha varit 35 hugg mot mun- och halspartiet. Modern hade vid det här laget hunnit springa ut i köket och ringa till polisen. På min fråga varför, svarade dottern, att hon inte orkade längre. När vi satt i bilen, var hon fortfarande lugn och jag valde att inte sätta på henne handfängsel. Min känsla sade mig, att det gällde att hålla denna kvinna så lugn som möjligt, tills vi kunde köra henne till häktet på Kungsholmen. Plötsligt dök en liten bil upp bredvid polisbilen. Det var Expressen. De hade hört vår radiotrafik. När journalisten fick höra vad som hänt åkte han därifrån. Detta hände för många år sedan, då händelser likt denna fortfarande var en familjetragedi och inte ett nyhetsscoop. Det har flutit mycket trycksvärta på etikens vågor sedan dess.

När polisteknikerna och annan förstärkning anlänt, kunde vi utföra vår transport till häktet. På vägen in talade vi om allt utom det bestialiska mordet.

Med ett perspektiv från möten med grovt våld, vill jag starkt vända mig emot en del massmediers omoraliska hantering av mänskliga tragedier, men också mot det stora utbud av våld i olika former som fyller våra bildmedier. Men så länge vi konsumenter köper tidningar och ser på tv, för att kanske i underhållningssyfte "snaska" i oss tragedierna bakom våldet, lär frosseriet bara fortsätta och rädslan växa.

~ ~ ~

Hur kan en människa döda en annan människa, när den människan dessutom är ens egen far? Historien om ett brott börjar en vacker höstdag för många år sedan.

– Hej då! Jag sticker ut och springer lite, säger flickan som är i trettonårsåldern. Hennes mörka hår fladdrar när hon i några hopp tar sig nedför trapporna i hyreshuset där hon bor.

Hon heter Julia. Hon är lycklig idag. Om en stund ska hon träffa sin bästa vän Elin. Under dagen har de bestämt att de tillsammans ska springa runt sjön som ligger en bit bort från bostadsområdet. De går i samma klass. Deras intressen är lika. Sport, film och teater. Julia och Elin är båda med i skolans speciella teatergrupp som består av fjorton ungdomar, killar och tjejer.

När Julia kommer ut på gården står Elin redan där och väntar.

– Hej igen! Är du klar så sticker vi.

De unga flickorna springer iväg med varsitt leende på läpparna. Luften är frisk och himlen alldeles blå. Det kan kännas att hösten är på väg. När de båda passerar en dam med en stor svart hund, tar flickorna ut svängen lite extra och skrattar tillsammans. Ute i skogen är det tyst. Stigen är vältrampad och lagom bred för att de skall kunna springa bredvid varandra.

Det är roligare då och samtalet gör att löpningen känns lätt och skön. Efter en stund stannar Julia upp och ställer sig vid en tall och lutar ryggen mot den skrovliga barken.

– Elin, jag vill berätta en sak för dig.

Julia och Elin har gått i samma klass sedan lekis och de känner varandra som bara två flickor i den åldern kan.

– Vad är det?

Julia drar efter frisk luft och ber Elin komma närmare.

– Jo, min pappa...

– Vadå?

Julia tvekar.

– Han...

– Nej men vad är det då Julia?

– Du måste lova att inte berätta för någon.

– Jag lovar!

Julia börjar sin berättelse som kommer att förändra allt.

~ ~ ~

När hon slutar, sänker hon huvudet och tårarna faller ned och sugs upp av den gröna mossan.

Elin är helt tyst. Hon ser på sin vän. Hon lägger ena armen runt Julia och lutar samtidigt sitt huvud mot Julias tårblöta kind. Flickorna sitter nu ned. Tiden har fått dem att knäa. De sitter tysta, hur länge vet ingen. De rycks upp ur sina tankar av en fågel som landar ett par meter ifrån dem. Den tittar på flickorna. Stilla, ljudlös betraktar den dem båda för att därefter lyfta och försvinna. Julia och Elin ser på varandra.

– Vad ska vi göra?

Elin har nu rest sig och frågan slår mot Julias trumhinnor likt en örfil.

– Göra?

– Ja, vi måste göra någonting förstår du väl!

Julia snubblar till när hon försöker resa sig.

– Du måste ha hjälp Julia. Så här får inte en pappa göra fattar du väl. Även om han är din pappa så finns det faktiskt lagar och regler.

Julia hör henne.

Hon ser sin far komma in i hennes rum. Hon känner hur luften håller på att ta slut. Hon blundar. Ryser.

– Du har rätt Elin. Ingen får göra så. Följer du med mig hem?

Tankarna hade slagit ned utan förvarning. Julias huvud var på väg att sprängas. Träden blev hinder. Den klara luften blev svår att andas. Elin såg hur hennes vän var i förvandling. Vägen tillbaka var både otäck och lång. Julia kunde inte springa. Hennes steg hade stannat i flykten. Nu vandrade hon och Elin med darriga ben mot hemmet. Vid porten frågade Elin om hon kunde göra någonting. De tog farväl och Julia såg sin kamrat djupt in i ögonen och sa:

– Nu går jag in i helvetet igen.

Elin kramar henne och båda gråter i portuppgången. Deras sorg ekar.

– Jag följer med dig upp.

– Nej, det går inte! Mamma blir jättearg och pappa kommer snart hem.

Julia är enda barnet. Hennes mamma är arbetslös och sitter fast i spriten. Julias pappa arbetar på kommunen. Han är någon slags chef på en av förvaltningarna. Julia vet inte så noga. Pappan talar aldrig om sitt arbete och Julia vågar inte fråga. Hon är rädd för sin pappa. Hon är skräckslagen för den människa som tillsammans med mamman sett till att Julia finns.

Elin och Julia skiljs åt. Den stund som nyss var ljus har mycket snabbt ändrat färg.

Dörren till lägenheten var låst. Julia ringde på. Steg närmade sig på insidan och dörren öppnades sakta. Modern, med röda ögon och fuktigt hår, hann bara glänta på dörren för att Julia skulle känna att pappan redan var hemma.

Han satt vid köksbordet endast iklädd byxor. Den bara överkroppen med den stora magen mötte Julia då hon kom in. Pappans blick frös fast i Julia.

– Var har du hållit hus? När jag kommer hem ska du ha ordnat med maten. Vet du inte det?

– Jo, men...

– Tyst! Vi talar mera om det här senare. Se nu till att få fram någonting. Jag är utsvulten.

Pappan var röd i ansiktet. Mamman hade lämnat köket och tagit sin tillflykt till sovrummet. På bänken i köket stod en systempåse. En öppnad flaska och ett dricksglas skymtades bakom transistorradion på bordet.

Julia satte på sig ett förkläde ovanpå sin träningsoverall och gick mot skafferiet. Då, i en rörelse lika snabb som tanken, högg pappan tag i sin dotter och drog henne till sig.

– Nu du din jävla hora!

Han hade rest sig och med kraft föste han henne mot sovrummet. Mamman hade kommit ut när hon hörde skriken och mötte Julia just utanför rummet.

– Iväg kvinna!

Pappan tog tag i nacken och vred till.

– Ut i köket och gör mat din förbannade alkis! Julia och jag ska in i rummet och ha det lite mysigt eller hur stumpan?

Mamman, stel av skräck, lommade iväg utan att säga ett ord. Med en smäll stängdes sovrumsdörren. Mamman vände på huvudet, hon satte händerna efter sidorna, hon skakade och var tvungen att sätta sig på en köksstol.

– Vad ska jag göra?

Det ringer på dörren. Modern, fortfarande knäsvag efter den behandling hon fått av sin man, vacklar till och tar stöd mot köksbänken. Det ringer igen. Modern ser bort mot sovrummet. Dörren är stängd. Inga ljud hörs. Hon öppnar sakta lägenhetsdörren, men låter endast en liten del av deras liv släppas ut i trapphuset. Bara så mycket att hon ser vem där är.

– Hej! Jag undrar om Julia är hemma?

Modern skakar på huvudet.

– Jo, men jag tror nog att hon är det, för jag träffade henne för en stund sedan då hon gick in. Ja, jag är Elin, Julias klasskamrat. Är hon verkligen inte hemma?

– Nej, svarade modern och slog igen dörren.

Julia kommer ut från sovrummet. Hon har tårar som rinner, från båda ögonen och hjärtat. Hon går direkt in på toaletten och låser dörren. Modern ser in i det dunkla sovrummet. Persiennerna är neddragna. Hon vågar sig in, sakta, på tå stannar hon framför sängen. I sängen ligger hennes man, Julias pappa. Han ligger på mage iklädd endast kalsonger. Byxorna ligger i en hög på den beigefärgade, slitna mattan. Hon säger ingenting. Stänger dörren, ljudlöst. Hon lyssnar mot toalettdörren men hör ingenting. När hon just lämnat dörren kommer Julia ut. Hennes blick möter moderns. De ser in i varandras själar. Julias tankar och känslor rör sig i kraftfältet mellan mor och dotter. Inte ett ord yppas. Julia är på väg mot ytterdörren när hennes mor ber henne stanna. En bön som inte blir bönhörd. Julia har gjort sitt val. Aldrig mer kommer hon att trampa dessa golv. Aldrig mera ska hon tillmötesgå sin faders begäran. Aldrig mer!

Innan hon stänger lägenhetsdörren mellan sig och sin mor säger hon med knappt hörbar stämma:

– Varför har du inte hjälpt mig?

Modern gråter. Hon sätter sig på en liten stol. Hennes huvud försvinner mellan hennes händer.

Julia stänger dörren. Hennes steg tonar bort. Julia kommer inte tillbaka.

~ ~ ~

Julia bryter kontakten med skolan och med sina kamrater, inklusive sin bästa vän Elin. Julia träffar en ung man. Hon träffar många män och med en blir hon gravid. Hon är nu femton år. Hon får en liten dotter som hon kallar för Sara. Saras pappa försvinner. Julia och Sara får en bostad av de sociala myndigheterna. Den ligger söder om stan, nära tunnelbanan. Julia och Sara hankar sig fram och en dag bestämmer sig Julia för att åka in till stan för att besöka sin moster. Då hon bara tänker stanna en kort stund hos sin moster skulle hon kunna lämna Sara själv i lägenheten den stunden. Men Julia funderar på hur Sara ska kunna sova tills hon själv är tillbaka. Då kommer hon på det sömnmedel som hon har i badrumsskåpet. Julia blandar i lite i Saras mat och redan efter en kort stund ser hon sin dotter somna in i en djup dvala.

Mostern bor på Söder i en fin lägenhet med utsikt över vattnet och hela staden. På tunnelbanan tänker Julia på sin pappa. Hur arg han skulle ha blivit efter det hon rymt hemifrån. Hon ser honom framför sig. Hon ser de små glansiga ögonen med begär och rädsla i. Hon förstår att hennes pappa är en rädd och otrygg människa. En människa som i sin rädsla låter andra människor få del av den rädslan. Vissa kallar det visst för makt. Kanske. Men inte den äkta makt som Julia har hört talas om. Den makten kommer från hjärtat och behöver inte använda våld. Den yttre makten, den makt hennes pappa besitter, den makten emanerar ur rädsla. Julia kan verkligen ana att hennes far skulle behöva mycket hjälp, mycken kunskap. Men, tänker hon, när hon sitter där i tunnelbanevagnen mitt emot en herre som läser en tidning, trots detta, trots att hennes far saknar kunskap, inte kan hantera sina egna känslor och tankar, kan jag trots allt detta behöva förlåta honom? Ja! Men jag kan aldrig förlåta hans gärningar. Jag kan aldrig förlåta att han har våldfört sig på mig under flera år, tänker Julia samtidigt som vagnen stannar.

Mostern var inte hemma. Julia sätter sig på ett trappsteg i trapphuset. Ur hennes inre väller känslor fram. Hon är oförmögen att tänka. Alla tankar som skulle kunna möta hennes oro och ilska trängs undan. Julia börjar tänka på hämnd. Inte ska hennes pappa klara sig undan allt ont han gjort. Julia känner någonting befriande ila genom sin kropp, en känsla av renhet.

Han ska få smaka av sin egen medicin. Julia reser sig. Hon beger sig till ett varuhus i närheten. Efter en kort stund kommer hon ut därifrån med en stor, vass, sågtandad jaktkniv.

Nu, nu ska du få se vad du har givit mig, du, min pappa!

~ ~ ~

Julia ser på mannen i källaren. Hans ögon blänker. På den ena kinden rinner en tår sakta ned mot mungipan. Han tar handen och torkar bort den konkreta känslan.

– Vad ska du göra nu?

Han tar tag i Julias ena arm för att hjälpa henne upp.

– Jag vet inte. Jag känner en polis som besökte vår skolklass vid flera tillfällen för något år sedan. Jag vet att han fortfarande arbetar som polis och jag tror att kanske han kan hjälpa mig.

Mannen lyssnar och nickar instämmande.

– Det är bra. Du behöver hjälp Julia, mycket hjälp. Kom så går vi upp till min lägenhet. Där kan vi ringa.

– Jan-Erik!

– Hej, är det Jan, polisen?

– Javisst. Vem är du?

Julia är tyst. Hur mycket kan hon berätta? Kommer Jan att komma hit och hämta henne?

– Jo det är Julia. Ja, den Julia som du träffade då du besökte vår skola och jag bad dig om ett råd. Jag gick i sexan och du var i vår klass och talade om alkohol och knark. Kommer du ihåg?

Ett kort skratt hördes i andra änden. Inget elakt skratt utan mera ett igenkännande skratt.

– Javisst kommer jag ihåg dig Julia. Det var ju du som undrade hur en kompis skulle göra för att hjälpa sin mamma som hade problem med alkoholen. Eller hur?

– Ja det stämmer.

Julia kände sig lite lugnare, men fortfarande hade hon svårt att sitta stilla och hålla telefonluren stadigt.

– Jag skulle vilja prata med dig Jan. Kan jag få göra det?

Det var tyst en kort stund.

– Ja, men var befinner du dig någonstans och vad är det egentligen du vill ha hjälp med?

Julia tittade på mannen som höll sin kaffekopp mot munnen.

– Det har hänt någonting förfärligt och jag mår jättedåligt! Har du tid att träffa mig idag redan?

– Jo det tror jag nog. Säg bara när och var.

– Kan vi ses på Åhlénsrestaurangen vid fönstren mot Drottninggatan? Kan vi säga vid 15-tiden?

– Det passar mig utmärkt.

– Okey, då ses vi då. Hej så länge.

Julia lade på och tog sig för pannan med vänster hand.

– Vad har jag gjort?

Mannen satte sig ned och tog Julias hand i sin.

– Du har just påbörjat vägen tillbaka till livet och jag ska se till att du kommer hela vägen fram.

~ ~ ~

Dagen närmade sig sitt slut. När han lade sig i sängen och slöt ögonen tänkte han på vad han fått höra. Han hade träffat Julia som de bestämt på telefon. Restaurangen på Åhléns var för ovanlighetens skull relativt glest befolkad denna eftermiddag. Julia satt vid ett fönsterbord. Hon såg honom direkt han klev in. När deras blickar möttes märkte han hur ledsen hon såg ut.

– Här Jan!

Jan tog henne i hand och Julia skakade.

– Vi sätter oss. Har du ätit någonting eller skall jag hämta lite fika?

– En dricka vore gott.

Jan kom snart tillbaka med kaffe, läsk och ett par smörgåsar. Julia åt fort och drack i djupa klunkar. Jan undrade vad hon egentligen hade på hjärtat och vad det var som gjort henne i sådan tydlig obalans.

– Jag har dödat, viskade Julia plötsligt fram mellan läskklunkarna.

Jan ställde ned kaffekoppen. Den halkade lite snett och några droppar flöt ut över bordet.

– En gång till. Vad sade du?

– Jag har mördat min pappa. Igår kväll, sent.

Den eftermiddagen tog slut när Julia hade berättat sin historia. Jan satt tyst. Han hade hört talas om mordet tidigare under dagen. Hur en man hittats sönderhackad med en kniv i en villaförort till Stockholm och om en ung kvinna som misstänktes för mordet fortfarande var på fri fot.

Han såg på flickan. Hur gammal kunde hon vara? Sjutton, kanske arton, det är svårt att avgöra en ung kvinnas ålder. Det var hur som helst en flicka på väg att bli kvinna som satt där mitt emot honom. Det var en ung kvinna som dödat sin pappa. Han såg en gärningsman, men han såg också ett brottsoffer. Ett offer för det våld och det övergrepp som han så många gånger tidigare mött i sitt arbete på samhällets bakgård. Offret och gärningsmannen i en och samma gestalt satt nu en armlängds avstånd ifrån honom och öppnade sin själ och ropade efter hjälp.

Han hade hört ett nödrop från en drunknande. Tankarna for runt i hans huvud.

Jan tog Julias händer i sina. Hennes ögon var röda och tomma. Hennes hemlighet var nu hans ansvar.

– Jag ska hjälpa dig Julia. Riktigt hur det ska gå till vet jag ännu inte. Men om du kan lita på mig så kommer jag att se till att du får den hjälp och det stöd som du behöver. Det kommer inte att bli lätt, men tillsammans ska vi göra morgondagen lite mindre mörk.

Julia grät nu öppet. Vid ett bord en bit bort satt ett äldre par. De såg åt Julias håll och deras förvåning, nyfikenhet och frågande blickar gick inte att ta miste på.

Jan tog Julia i handen och tillsammans gick de ned genom varuhuset och ut bland okända, ovetande och osäkra människor.

~ ~ ~

12 år senare.

Det var trettio minuter kvar till landning. Jan tänkte att det var bäst att göra ett toalettbesök, snart skulle planet ta mark på Ioannis Daskalogiannis-flygplatsen utanför Chania på Kreta. När han öppnade dörren och var på väg genom gången mellan flygplansstolarna till sitt säte, såg han plötsligt ner lite till vänster där ett litet barn just skrek till då modern var i färd med att spänna fast säkerhetsbältet på den lilla. Jan mötte kvinnans blick. Kvinnan som var i trettioårsåldern såg på Jan och började le.

– Hej Jan!

– Hej Julia!

Jan böjde sig ned och hälsade på Julia samtidigt som han strök den lilla flickan över ena kinden. Flickan var mörkhårig och hennes ögon lyste mot Jan. Hon kanske var i treårsåldern och hade mammas drag.

– Är du också på semester?

Julia talade med tårarna i halsen. Jan märkte hennes förlägenhet och svarade:

– Ja, min fru och jag är på väg till södra Kreta där vi har en liten lägenhet i en liten by som heter Plakias.

– Vad spännande! Jag och min familj ska bo en vecka på ett hotell i Agia Marina, sa Julia och visade med sin ena hand till höger om sig där hennes man och ännu ett litet barn satt.

Jan hälsade och önskade dem alla en skön semester. Innan han fortsatte bakåt till sin plats vände han sig åter till Julia och sa med låg röst:

– Vad glad jag är att se dig!

– Kommer du ihåg Jan, vad du sa till mig för många år sedan? "Livet är inte ett problem som skall lösas utan ett mysterium som ska upplevas". Kirkegaard, eller hur?

– Ja, Kirkegaard, svarade Jan.

TRAGEDIER BAKOM RUBRIKERNA

Det var en dag i maj. Över den sovande förorten hade solens strålar börjat värma hus och människor. Klockan hade passerat sju när jag halvliggande tog emot ett anrop från polisens sambandscentral. "Åk till Sjövägen 6. Lägenhetsbråk." När jag satt fast telefonklykan på frontpanelen, vände jag mig till min kollega som körde polisbilen och sa: "en söndagsmorgon klockan 7. Lägenhetsbråk. Det lär väl vara falskt larm som vanligt".

"En sådan här dag skall man vara ledig", sade min kollega med trött röst, samtidigt som han svängde in på Sjövägen. "Vad är det där" utropade jag, då en man i vit pyjamas med framstycket fullt av blod kom framrusande mot oss. Han var kring 60 år och kom ut från en liten tomt mitt i radhuslängan viftande med bägge armarna. Då vi såg in mot husets entré, stod där en yngre man på trappen. Han var klädd i rött. Fel! Allt det röda var blod! Min kollega och jag tittade på varandra. "Det verkar inte vara något falsklarm", sade jag när vi snabbt steg ur bilen och sprang fram mot huset. Den yngre mannen som var i 30-års åldern, stod fortfarande som en bildstod. "Det var han", skrek den äldre. "Hon ligger därinne!" Min kollega bad den yngre mannen att gå in i huset. När vi kommit in i hallen såg vi en kvinna ligga naken i trappan upp till husets övervåning. Hon låg med huvudet nedåt och i hennes hals stack handtaget av en blå kökssax upp. Nedanför trappan hade en stor blodpöl samlats. Den äldre mannen skrek plötsligt: "Det är hans mamma!"

Kvinnan var död. Vi utförde nu det vi skulle göra. Min kollega kontaktade kriminalpolisen som skulle komma och göra en teknisk undersökning av brottsplatsen. Vi spärrade av delar av huset och jag ledde sonen ut till polisbilen. Fadern stod tyst och stilla. Han skakade. Sonen gav honom inte en blick. Min kollega försökte lugna fadern. Då jag förde sonen till polisbilen passerade vi några gula vårblommor. I baksätet började sonen berätta. Han bodde några kilometer bort. Tidigt på morgonen hade han gått hemifrån och begett sig till sina föräldrars hus. Han hade redan då planerat, att han skulle döda sin mamma. Då huset var låst, hade han brutit sig in genom ett fönster och tagit sig in i sovrummet. Jagat ut pappan och därefter försökt döda sin mamma. Hon lyckades springa ut ur rummet, men hann bara till trappan, där sonen fick tag i henne och stack saxen i halsen på henne. Han utdelade många stick och hugg mot mammans hals. Det skulle senare visa sig ha varit 56 hugg mot mun- och halspartiet. Fadern hade vid det här laget hunnit springa nedför trappan och ringa till polisen. På min fråga varför, svarade sonen, att han var trött på sin mammas tjat. När vi satt i bilen, var han fortfarande lugn och jag valde att inte sätta på honom handfängsel. Min känsla sade mig, att det gällde att hålla denne man så lugn som möjligt, tills vi kunde köra honom till häktet på Kungsholmen. Plötsligt dök en liten bil upp bredvid polisbilen. Det var Expressen. De hade hört vår radiotrafik. När journalisten fick höra vad som hänt åkte han därifrån. Detta hände år 1974. Då var händelser likt denna en familjetragedi – inte ett nyhetsscoop. Det har flutit mycket trycksvärta på etikens vågor sedan dess! När polisteknikerna och annan förstärkning anlänt, kunde vi utföra vår transport till häktet. På vägen in talade vi om allt utom det bestialiska mordet.

Med ett perspektiv från möten med grovt våld, vill jag starkt vända mig emot en del massmediers omoraliska hantering av mänskliga tragedier, men också mot det stora utbud av våld i olika former som fyller våra bildmedier. Men så länge vi konsumenter köper tidningar och ser på tv, för att kanske i underhållningssyfte "snaska" i oss tragedierna bakom våldet, lär frosseriet bara fortsätta och rädslan växa!

DIKTER

Känn och lär!

Är du rädd när du går på gator och torg,
kanske känner du otrygghetens snålblåst vina.

Rädslan tränger in i koja och borg
och får medmänsklighetens källa att sina.

Var finns den känsla som öppnar förnuftet,
var finns den tanke som höjer sig över våldet.

Låt oss lära om våra känslor,
den kunskapen kan besegra våldet.

Nyckeln heter empati

Låt oss bygga broar av empati i en värld av stålkalla blickar.
Låt oss möta varandra med medkänsla och tolerans.
Låt oss inse, att i det mest slutna av rum, finns alltid en öppning.

Låt oss använda nyckeln, som finns i många miljarder exemplar runt hela jorden, för att bjuda in det varma och släppa ut det goda.
Låt oss stärka varandras hjärtan och bli människor i balans och harmoni.

En familj i kris blir lätt en klass i gungning, som blir ett samhälle med våld, som blir en stad i rädsla, som blir ett land i ofred, som blir en värld i hämnd.
Låt oss vara rädda om våra möten med varandra. Det är i dessa som vår värld står på spel.

Ditt liv – dina val

Låt din tanke löpa fritt.
Våga tänk den tanke du vill.

Se ljuset i din nästas själ.
Låt ditt hjärta känna starkt.

Våga tro på din inre vägvisare.
Möt leendet som skänker framtidstro.

Låt ditt liv få leva här och nu.
Våga gör det du vet gagnar andra.

Se livet som en gåva,
en gåva att skänka vidare.

Vi har alla val att göra,
vi har alla ett öde.

Hur vi framhärdar och förhåller oss till detta,
är kanske livets stora gåta!

Pojken och fjärilen

Pojken sprang så fort han kunde. Han måste hinna fram i tid, annars skulle den här chansen aldrig komma tillbaka. Folk som såg honom stannade upp och tänkte, att den där pojken hade allt bra bråttom genom livet.

Plötsligt stannade pojken. Han såg sig omkring. Bredvid vägen där han stod fanns en liten sjö. Pojken log. Vad håller jag på med, sade han till sig själv. Han satte sig vid vägkanten. En blomma snuddade vid hans ena fot. Det var en blåklocka. Pojken böjde sig lätt och tog blomman i sin hand. Blomman var fin. Han gick ner till strandkanten. Där tog han av sig skorna och gick ut ett stycke i det varma vattnet. Han hörde en fågel som spelade.

Pojken släppte sin blå blomma. Den flöt stilla ut i sjön. Runt blomman svävade en guldfärgad fjäril. Den satte sig på blomman. Blomman guppade till. Pojken som såg det vackra skådespelet satte sig ned. Han började gråta. Han lade sig i gräset och tittade upp i den blå skyn. Ett vitt moln som liknade en ö som han besökt fick pojken att sluta ögonen. Han somnade.

När han vaknade kom han ihåg blomman. Han hade i drömmen sett hur fjärilen suttit på den blå blomman. Efter ett tag hade blomman sjunkit och fjärilen hade följt med ned i sjön. Ned i djupet.

Snabbt såg pojken ut mot sjön. Ingen blomma syntes till. Tänk om den verkligen hade sjunkit? Pojken vadade ut i sjön. Han gick tills vattnet nådde ända upp över axlarna. Som ett glittrande halsband kring hans hals kändes vattnet inte alls skrämmande. Pojken fortsatte en bit till. Vattnet slöt sig om honom. Håret var det sista som syntes. En guldfärgad fjäril kom och landade i de ljusskimrande hårtestarna.

I Dödens Väntrum

Vem är du – du mördare i lagens namn?
Du som satte sprutan i delinkventens arm.

Vem är du – du tänkande individ,
som tror att kriminaliteten kan bringas på fall
med mera våld?

Vem var du – du som dog i cellen en tidig
morgon,
när dina medmänniskor fortfarande sov
och ännu inte kunde känna av sin hämnd?

K n i v

Blänkande vitt stål.
Rinnande rött blod.

Tankar och känslor.
Känslor och tankar.

Blommor och ljus.
Ett fotografi.

En tavla av mänsklig okunskap.
I detta tidevarv av kunskap.

I d i o t !

När orden når sinnena
börjar hjärtat att blöda.
De fuktiga ögonen
speglar själens sorg.

Gör någonting!
Säg hur det känns!
Låt världen runt dig få veta!
Vi som ser, hör och får kunskap.

Orden som skär

Du är inte klok!
Du får inte vara med!
Vem tror du att du är?
Din djävla hora!
Vilken nolla!
Bög!

Blattesvin!
Svartskalle!
Måste med kraft släppa lös empatin.

Du som utdelar de förödande sticken
betänk,
dina ord är rop på hjälp från
ditt eget hjärta.
Ett hjärta låst med rädslans nyckel.

Det enda som kan bota våldet är kärleken

En känsla. En tanke. Ett slag.
Ett minne som aldrig lämnar.

En blick. En tår. En saknad.
Ett huvud som sakta sjunker.

Den som slår, slår mot sig själv,
i ord, tanke och gärning.

Våldet skapar bara förlorare,
kärleken alltid vinnare.

Förebyggandets konst

Hur skapar vi den miljö i vilken rädslan känner sig maktlös?

Hur finner vi det mod som krävs för att våga göra det vi tror på?

Hur utvecklar vi tankar om det egna ansvaret och om rimligt ställda krav för att kunna göra medvetna val?

Det är barnen som frågar.
Det är alla de som känner att de inte duger.
De är pojken som slår dig och det är flickan som skär sig.

Vi bygger barn med kärlek och ännu mera kärlek.
Förebyggandets konst handlar om att söka svaren på dessa frågor och i samverkan få alla barn att blomma.

Jorden blöder

Blodet är svart och driver
långsamt mot kusterna.

Sakta kvävs liv medan
såret pulserar under ytan.

Varför lyssnade vi inte i tid?
Mina tankar går till kärnkatastrofen
i boken "On the beach" av Nevil Shute.

EN LAGUPPSTÄLLNING FÖR LIVET

Positiva möten

Självkänsla
Solidaritet
(trygghet)
(bry sig om)
Medmänsklighet
(människosyn)

Erfarenhet
Kunskap
(våga)
(medvetenheten)
Eget ansvar
(tillit)

Humor Empati
Engagemang
(välja glädje) (medkänsla)
(vilja)

Insikt
(känsla av sammanhang)

När helhetstillståndet i hjärta och sinne är i balans utför vi också etiskt riktiga handlingar. En positiv människosyn kopplad till en vid kunskapssyn, leder till en ökad mognadsnivå med ett eget ansvar, mod och vilja att stå för konsekvenserna av ett eget, fritt och medvetet val. Det är i våra möten med varandra som vi blir människor. Den identitet vi bär på är således summan av alla våra tidigare möten.

> Det är värt vilket pris som helst att få se en slocknad blick lysa upp på nytt, få se ett leende tändas hos den som tycktes ha glömt att le, få se tillit vakna på nytt hos den som inte längre trodde på något eller någon.
>
> Brasilianske biskopen och människokämpen Helder Camara

FÖRFATTARENS EFTERORD

Efter mitt avsked från polisen kring sekelskiftet fortsatte jag att möta skolpersonal, elever och föräldrar. Under många år har jag föreläst i andra sammanhang om barn, vuxna, känslor och relationer. Om förebyggande verksamhet i allmänhet men med barnet i fokus i synnerhet.

Efter min pensionering har föreläsningarna avtagit i antal, men vid förfrågningar ställer jag fortfarande upp och talar om det viktigaste vi har, nämligen våra barn!

Bjursås den 11 januari 2018
Claes Mankler